Ingrid Kellner

Inselgeschichten

Zeichnungen von Ute Krause

Die Deutsche Bibliothek – CIP-Einheitsaufnahme

Kellner, Ingrid:
Leselöwen-Inselgeschichten / Ingrid Kellner.
Zeichn. von Ute Krause.
– 1. Aufl. – Bindlach : Loewe, 2000
(Leselöwen)
ISBN 3-7855-3317-9

*Der Umwelt zuliebe ist dieses Buch
auf chlorfrei gebleichtem Papier gedruckt.*

ISBN 3-7855-3317-9 – 1. Auflage 2000
© 2000 Loewe Verlag GmbH, Bindlach
Umschlagillustration: Ute Krause

Inhalt

Die Prinzessin auf der Insel

Die Piraten wurden fast verrückt. Da hatten sie nun eine Prinzessin geraubt, die mit dem Schiff unterwegs zu ihrem Prinzen war, samt Brautschatz und allem, aber die Prinzessin selbst war eine Katastrophe. Sie sollte für sie tanzen, aber sie hatte sich angeblich den Knöchel verstaucht. Sie sollte ihnen abends was auf der Harfe vorspielen und dazu singen, aber sie hatte null Ahnung von Musik. Sie sang so falsch, dass es den Piraten ganz übel wurde.

„So geht das nicht weiter", knurrte der Piratenkapitän. „Wir müssen die Prinzessin loswerden."

„Genau!", sagte seine Mannschaft, und sie setzten sie auf der nächsten einsamen Insel aus.

Da saß sie nun allein am Strand und wartete, bis das Schiff hinterm Horizont verschwunden war. Dann sprang sie auf

und lachte. „Endlich kann ich tun und lassen, was ich will. Immer hieß es: ‚Benimm dich, Kind, du bist schließlich eine Prinzessin. Was sollen die Prinzen von dir denken, wenn du nicht anständig tanzen und singen kannst. Keiner wird dich heiraten, wenn du nicht perfekt Harfe spielst.‘ Aber jetzt bin ich frei, juhu!"

Dann kletterte sie auf eine Palme, pflückte Kokosnüsse, sammelte ein paar Muscheln und machte Feuer. Ein Feuerzeug hatte die Prinzessin immer dabei. Als das Essen fertig war, aß sie alles mit den Fingern. Mmh, wie das schmeckte!

Bald stand eine kleine Palmenhütte am Strand, und Gesellschaft hatte die Prinzessin auch: Sie zähmte ein kleines Wildschwein, das auf die Hühnervögel aufpasste, die ihr zugelaufen waren. Jetzt hatte sie sogar Eier. Und Fischefangen war toll und Schwimmen und Tauchen.

Von ihr aus hätte es ewig so weiter-
gehen können. Aber eines Tages tauchte
ein Schiff auf und warf vor der Insel
Anker. Ein Beiboot wurde herangerudert,
da saß der Prinz drin, zu dem die
Prinzessin unterwegs gewesen war, samt
Brautschatz und allem.

„Verflixt", dachte die Prinzessin, „jetzt
bin ich entdeckt."

„Jetzt bist du gerettet", sagte der Prinz.
„Endlich habe ich dich gefunden."

„Riesig nett von dir", sagte die
Prinzessin. „Hast du Lust auf Rührei mit
Muscheln?"

Es schmeckte dem Prinzen unglaublich
gut. Danach musste er das Schweinchen
streicheln und die Palmenhütte
anschauen.

„Am liebsten würde ich hier bleiben",
seufzte er.

„Tu's doch", sagte die Prinzessin.

Da schickte der Prinz das Schiff fort, und
sie blieben zusammen auf der Insel und

lebten glücklich und zufrieden. Und
manchmal sang die Prinzessin ihrem
Prinzen ein Lied vor. Grottenfalsch
natürlich. Der Prinz sang genauso falsch
die zweite Stimme und tanzte mit ihr den
Strand entlang.

Entdecker

„Wenn ich groß bin", sagte ich zu meiner Mutter, „entdecke ich eine neue Insel. Das macht voll Spaß!"

„Alle Inseln sind schon entdeckt", sagte Mama. „Ich werde es dir beweisen. Hol mal den Atlas!" Und dann blätterte sie rum und zeigte mir die Inseln in der Südsee, im Indischen Ozean, im Nördlichen Eismeer und überall.

„Und das da", fragte ich, „der kleine Schlauch da?"

„Vergiss es!", sagte Mama. „Das ist das Rote Meer."

Wirklich, meine neue Insel war nicht dabei. Gott sei Dank, sonst wär sie ja schon entdeckt gewesen!

„Siehst du", sagte meine Mutter, „ich habe Recht gehabt." Wenn sie nur Recht haben kann, ist sie schon glücklich.

„Und ich finde trotzdem eine", sagte ich, „eine Insel, wo man voll Spaß haben kann."

„Voll Spaß, wenn ich das schon höre", sagte Mama. „Du wirst es noch merken, das Leben ist kein Spaß! Das Leben ist –"

„Hör auf, Mama", sagte ich. „Ich weiß: Das Leben ist hart und kurz."

„Genau", sagte sie, „und voller Pflichten. Und jetzt ab, marsch ins Bett! Morgen früh musst du in die Schule. Das ist *deine* Pflicht."

Mama wunderte sich, dass ich nicht maulte, sondern gleich in mein Zimmer ging. Ich hatte nämlich noch zu tun. Ganz geheim, und deshalb hängte ich das Schild „Bitte nicht stören!" an die Türklinke.

Ganz im Geheimen male ich meine Insel. Mit den Meeren außenrum bin ich schon fertig: Links oben ist der Indische Ozean. Da springt ein Monsterfisch rum, currygelb. Rechts, im Nördlichen Eismeer, trabt ein Eisbär über die Schollen. Das Rote Meer ist orange, weil mir der rote Filzstift eingetrocknet ist. Und über die Südsee segeln ein paar fliegende Fische. Kompass und Windrose, alles drauf. In der Mitte ist meine Insel mit einem kleinen Hafen und ein paar Häusern. Man braucht schließlich ein Lebensmittelgeschäft und jemanden, der Segelboote repariert. Ein Weg führt den Berg hinauf. Da oben soll mein Haus stehen. Das werde ich jetzt malen. So richtig schön bunt. Es macht voll Spaß! Und wenn ich groß bin, kaufe ich ein Segelboot und entdecke sie, meine Insel.

Indischer Ozean
Nördliches Eismeer
N
W
O
S
Südsee
Rotes Meer

Insel für einen Nachmittag

Mama stöhnte und zog Tilos Hand aus
dem Honigglas. Tilo ist mein kleiner
Babybruder. Dann rettete Mama die Butter
vor Lilo. Lilo ist meine Schwester. Sie ist
drei und kann wie eine Sirene brüllen.
Inzwischen ging Tilo auf Papas Zeitung
los. Eigentlich wollte er „Kuckuck-da"
spielen. Aber Papa riss die Zeitung weg
und übertönte Lilos Geheul: „Ich wäre am
liebsten auf einer einsamen Insel!"

„Ich auch!", brüllte ich.

„Laura, du?" Meine Eltern schauten mich verwundert an.

Sie hatten ja null Ahnung von meinem Leben. Nichts kann ich alleine machen. Meine Geschwister stören ständig, egal ob ich lernen oder spielen will. Und immer muss ich mich um sie kümmern.

Jetzt schon wieder: „Laura, sei so lieb", sagte Mama, „und zieh Lilo ein neues T-Shirt an." Das alte war voll mit Butter und Kakao bekleckert.

„Und dann fahren wir auf die Insel", sagte Papa.

Mama schaute ihn fragend an.

„Na ja", sagte er, „auf die Halbinsel.
Besser als gar keine, oder?"

„Halbinsel" nennen wir unseren Bootssteg am See. Da gibt es Schilf, Wiesen
und Wald, total langweilig. Ich wäre viel
lieber mit meiner Freundin ins Schwimmbad gegangen. Aber mein Vater war
gnadenlos, ich musste mit. Also packte
ich Badezeug und mein Safaribuch ein.

Natürlich kriegten sich Tilo und Lilo im
Auto in die Haare, und ich musste mich
zwischen sie setzen und mit ihnen
spielen. Als Papa am Parkplatz hielt,
konnten sie mich mal alle – gern haben.

Ich sprang über ein kleines Rinnsal, und plötzlich hatte ich *die* Idee! Ich schaufelte und räumte Kies heraus, bis das Rinnsal ein breiter, Tilo-und-Lilo-sicherer Graben war. Jetzt hatte ich meine eigene Insel. „Haut ab", sagte ich, „ich will alleine sein." Es klappte tatsächlich.

Als ich mit meinem Safaribuch halb durch war, verließ ich meine Insel und ging im Wald, nein, im Dschungel, auf Entdeckung.

Ich schlug ein paar Tigern auf die Schnauze, freundete mich mit einem Elefanten an und knüpfte ein paar freche Schlangen um die Äste. Dann fand ich seltene Pflanzen und ein paar kostbare Glimmersteine. Mit der Beute kehrte ich zu meiner Insel zurück.

Es dämmerte bereits. Niemand kam. Sie ließen mich echt alleine. Ich beobachtete die Eingeborenen auf dem Bootssteg. Sie grillten. Es roch köstlich. Ich war am Verhungern und beschloss, sie zu besuchen. Zu Eingeborenen muss man immer höflich sein. Deshalb nahm ich als Gastgeschenk meine kostbaren Glimmersteine mit.

„Willkommen, Fremde", sagte der Häuptling. „Willst du dich nicht zu uns setzen?"

Seine Frau hängte mir eine Strickjacke um, und die zwei kleinen Wilden kuschelten sich an mich. Nun war es ganz dunkel geworden, und Mama, Papa, Tilo, Lilo und ich fingen an zu singen. Ja, Inseln sind wunderbar! Einen Nachmittag lang und immer wieder mal.

Einfach Jona

Jonas Eltern haben Zoff. Dauernd! Wegen Jona. Und wenn Jona sein Baumhaus nicht gehabt hätte, sein Nest in der Pappel, seine Insel im Blättermeer, wäre es nicht auszuhalten gewesen. Dort oben war er hoch über allem und ohne Probleme. Einfach Jona.

Mutters Jona   Vaters Jona

Es ist nämlich so: Sein Vater will einen Kämpfer, einen Jungen, der sich wehrt und der es mal zu was bringen wird in der Welt und so. Seine Mutter will einen Ritter, aber einen ohne Rüstung und Schwert. Sie will einen lieben Jona. Aufmerksam und liebevoll, ja genau!

Jona kämpft mit Papa und ist lieb und leise zu Mama. Es ist ziemlich anstrengend. Vor allem am Wochenende, wenn beide zu Hause sind.

Am Samstagmorgen ist der Frühstückstisch auf der Terrasse gedeckt. Papa legt die Zeitung beiseite und boxt Jona vor die Brust. „Na, Jona, alter Kumpel, auch schon aus den Federn?"

Mama gibt Jona ein Küsschen und sagt:
„Jona-Liebling, bist du so nett und holst
den Toast?"

Klar, Jona ist immer nett zu Mama. Als
er mit dem Toast zurückkommt, sind die
beiden wieder voll am Zoffen. Wegen
Jona. Er soll im September in eine neue
Schule kommen.

„Du treibst mich noch zum Wahnsinn!",
brüllt Papa Mama an. „Jona wird nicht in
deine Ökoschule gehen, wo sie nur
Weicheier züchten."

„Und ich sage dir", schrillt Mama, „er
kommt nicht auf deine sportliche Elite-
anstalt. – Jona, wo willst du denn hin?"

Jona rennt mit dem Toast zur Pappel. Er
klettert rauf und zieht die Strickleiter ein.
Ringsum rauscht das grüne Blättermeer,
flitzt und flirrt das Licht über tausend
Pappelblätter. Jona atmet tief ein. Und
dann aus. Aah!

Sie bekommen ihn nicht mehr runter.
Jona hat gut vorgesorgt: Schlafsack,

Wasserflaschen, Bücher, Taschenlampe,
alles da. Sogar eine Salami, nur das Brot
hatte noch gefehlt. Und jetzt ist er Jona,
einfach Jona. Jona auf seiner Insel im
Blättermeer.

Am Sonntagabend versucht es Papa
noch einmal. „Alles klar, Mann?", ruft er
hinauf. „Übrigens, du kannst dir aus-
suchen, auf welche Schule du gehen
willst. Auf die von Mama oder die von
mir."

„Danke", sagt Jona. „Ich will ins Internat."

Papa schluckt. „Ein ganz normales Internat?"

„Ja", sagt Jona, „so normal wie möglich." Dann klettert er wieder runter.

Und als er mit Papa zum Haus zurückgeht, muss er sogar lächeln.

Seemannsgarn

Ein alter Seebär erzählt in einer Hafen-
kneipe: „Wir waren unterwegs nach
Madagaskar, dorthin, wo der Pfeffer
wächst. Die See lag glatt wie 'n Kinder-
popo, und wir hatten guten Wind von
achtern. Aber dann kam ein Sturm auf,
Mann, oh Mann! Wellen so hoch wie
Häuser, alles zappenduster und wir
mittendrin.

,Insel in Sicht', japste der Schiffsjunge
im Mastkorb, bevor ihm eine Welle in den
Mund schwappte. Und dann, *krach, peng,
pumm,* zerschellte unser Schiff an einem
Felsen vor der Insel. Das tosende Wasser
spülte uns wie einen Haufen junger Hunde
an Land. Gerettet!

Es war eine Insel, wie's viele gibt, mit
einem Berg, der sich zu einem Buckel
wölbte. Wir stiegen hinauf und hissten
mein Unterhemd. Wir hatten nichts
Besseres als Rettungsflagge. Komisch

waren nur die riesigen viereckigen
Felsenmuster.

Plötzlich schrie der Schiffsjunge: ‚Der
Felsen vor der Insel bewegt sich!'

Und wirklich hob sich der glatte, runde
Felsen aus dem Wasser. Heiliger
Klabautermann! Es war ein ungeheurer
Reptilienkopf. Das Monster starrte uns an,
und dann wankte die Insel. Ein Erdbeben!
Aber es kam noch schlimmer: Die Insel

fuhr los, ungelogen, sie pflügte mit zehn
Knoten durchs Meer, den Monsterkopf
immer voraus. Ich machte mir fast in die
Hosen. Wo wollte die Insel nur hin? Da
kam eine Küste in Sicht. Das musste
Afrika sein.

‚Festhalten!', schrie ich, denn es würde einen fürchterlichen Aufprall geben. Aber die Insel hob sich und kroch sanft an Land. Wir sprangen runter und rannten weg, nix wie weg. Das hält man ja im Kopf nicht aus: Wir waren auf einer gigantischen Schildkröte gelandet.

Nun kuckt nicht so, das müsst ihr mir schon glauben!"

Kirkes Zauberinsel

Odysseus war auf dem Heimweg. Zehn Jahre lang hatten er und seine Freunde Krieg gemacht. Jetzt war Troja zerstört und alle Leute vertrieben oder tot. Aber gleich wieder heim? Odysseus, den seine Freunde Ody nannten, hatte keine Lust dazu.

„Wir schippern noch ein bisschen durch die Gegend", sagte er.

Seine Freunde waren einverstanden, sie wollten auch noch nicht gleich nach Hause. Was war da schon los? Die Kinder waren zehn Jahre älter geworden. Sie kannten ihre Papas sicher nicht mehr. Und die Frauen? Tja, die waren wohl nicht mehr so jung und lieb wie früher. Wenn man seine Familie zehn Jahre lang im Stich lässt, muss man sich schon auf was gefasst machen.

„Insel in Sicht!", schrie Ody. „Kleiner Landausflug gefällig?"

„Aber immer", riefen seine Freunde begeistert. „Seht mal, die Insel ist bewohnt."

Ein hübsches griechisches Haus lag am Hang, von Ölbäumen silbrig beschattet. Und eine wunderschöne Frau stand am Fenster und winkte.

„Hurra!", riefen alle. „Sie hat uns eingeladen."

„Aber benehmt euch", sagte Ody.

Sie benahmen sich nicht. Sie fielen übers Essen her, schlürften den Wein, schmatzten und rülpsten wie die Schweine und grölten Kriegslieder, wie sie es zehn Jahre lang getan hatten.

„Wisst ihr was?", sagte Kirke, so hieß die Frau. „Ihr seid Schweine!"

Und weil sie eine Zauberin war, verwandelten sich die Männer sofort in richtige Schweine.

Ody sah entsetzt zu. „Und mich?", fragte er. „Wirst du mich jetzt zum Obergrunzer machen?"

„Nein", lächelte Kirke und blickte Ody
tief in die Augen. „Mit dir will ich noch ein
bisschen spazieren gehen und abends ins
Feuer gucken."

Aber Ody machte es keinen rechten
Spaß, obwohl Kirke so schön war, dass
einem die Luft wegblieb. Er hatte plötzlich

Sehnsucht nach Penelope, seiner Frau,
und nach Telemachos, seinem Sohn.
Odysseus bekam Heimweh, schreckliches
Heimweh. Er bat Kirke, seine Freunde von
ihrem Schweinedasein zu erlösen. Ohne
sie wolle er nicht losfahren. Hätte er auch
gar nicht gekonnt, denn er brauchte sie
zum Rudern.

Kirke sagte: „Aber nur, wenn du
versprichst, dass ihr sofort und ohne
Umweg nach Hause fahrt."
Odysseus versprach es hoch und heilig.
Ob er es gehalten hat?

Seehund in Not

Meine Oma kann tolle Geschichten erzählen.

„Los, Oma, fang schon an", sagte ich. „Hier ist es echt öde."

„Nur, wenn du dich zu mir in den Schatten setzt", sagte sie. „Die pralle Sonne tut dir nicht gut."

Ich tat ihr den Gefallen. Wir waren zusammen im Schwimmbad, wir und tausend andere Leute auch.

Meine Oma putzte ihre Brille und äugte zum Schwimmbecken. Als ob da eine Geschichte drin wäre. Es gab aber nur Kinder und ihre Schwimmtiere: grüne Krokos, rosa Seehunde und grellbunte Fische in allen Größen.

„Aha, ja also, hm, hm", machte meine Oma. „Da war doch diese Nixe, so ein kleines Meermädchen, das spielte jeden Tag mit seinen Nixenfreundinnen. Sie spielten Wellenreiten, Seepferdfangen, Wer-findet-die-größte-Perle und so Sachen. Wenn sie damit fertig waren, spielten sie mit ihren grellbunten Papageifischen. Die Nixen versuchten, ihnen das Sprechen beizubringen, aber außer ‚blubb-blubb' brachten die Fische nichts zu Stande. Sie waren völlig unbegabt. Eines Tages fand das kleine Meermädchen das alles echt öde, wie du immer sagst. Es schwamm ganz allein zu einer Insel, setzte sich auf einen Felsen und schaute auf den Strand. Und wer lag da wohl?", fragte meine Oma.

„Ein Mensch", sagte ich, „ein Prinz, und in den muss sie sich verlieben. Kenn ich doch, Oma. Total öde!"

„Falsch", sagte meine Oma. „Das Meermädchen sah einen roten Plastikeimer

und zwei graubraune Steine. Der eine
bewegte sich plötzlich. Es war nämlich ein
kleiner, magerer Seehund, der vor Hunger
winselte."

„Warum hat er sich denn keine Fische gefangen?", fragte ich. „Das ganze Meer ist doch voll davon."

„Er konnte es nicht", antwortete meine Oma. „Er war nämlich in einem Zirkus geboren worden und hatte das Fische-fangen nie gelernt. Sie waren ihm immer in seinem roten Plastikeimer serviert worden.

Das Meermädchen sagte: ‚Ach du armer, süßer Seehund! Komm, ich zeig dir, wie man Fische fängt.'

Aber der kleine Seehund hatte Angst. Er traute sich nicht, tiefer als einen Meter fünfzig zu tauchen. So tief war das Zirkusbecken gewesen. Ab zwei Metern Tiefe wurde ihm schlecht. Das Meermädchen übte den ganzen Tag mit ihm, und endlich fing er seinen ersten Fisch. Ja, da war er stolz! Er bellte vor Freude. Dann schwammen sie zusammen nach Hause.

Die Nixenfreundinnen bewunderten den kleinen Seehund, und die Papageifische

waren ganz verrückt nach ihm. Sie
schwammen hinter ihm her und hatten in
null Komma nix das Bellen gelernt. War
das ein Gekläffe", sagte meine Oma,
„nicht zum Aushalten. Und jetzt mach,
dass du ins Wasser kommst, damit ich
heute wenigstens noch ein bisschen in
Ruhe lesen kann." Dabei grinste sie über
ihr liebes, faltiges Omagesicht.

„Wau, wau", bellte ich wie ein Seehund,
robbte zum Schwimmbecken und ließ
mich hineingleiten.

Robinson Crusoe

„Ich bin Robinson Crusoe", sagte mein
Bruder Alf. „Und du sollst Freitag sein."

So ist er, mein Bruder, immer will er die
Hauptperson sein. Draußen regnete es.
Uns war langweilig.

Wir hatten beide das Buch von Robinson
Crusoe gelesen. Zuerst hat dieser
Robinson Crusoe Schiffbruch erlitten, und
dann war er jahrelang allein auf einer
einsamen Insel. Er baute sich eine Hütte,
schoss wilde Ziegen und machte sich

Fellhosen daraus. Und einen Sonnen-
schirm. So spazierte er auf seiner Insel
rum und goss das Gemüse. Bis eines
Tages ein Wilder kam. Robinson nannte
ihn Freitag und setzte ihm einen Fuß in
den Nacken. Das war die Unterwerfung.
Freitag musste Robinsons Diener sein und
ihn toll finden. Das möchte mein Bruder
Alf auch immer.

Na, und dann spielten wir eben. Zuerst musste ich zuschauen, wie sich Alf auf den Teppich warf, wilde Wellen machte und sich japsend an Land zog, auf den Tisch hinauf. Dann baute er sich mit Wolldecken eine Hütte. Mit seinem Cowboy-Revolver schoss er ein paar Ziegen, das waren unsere alten Teddybären. Danach zog er sich Mamas Webpelzmantel an, nahm ihren Schirm und stolzierte im Kinderzimmer herum. Dabei tat er so, als würde er Gemüse gießen.

„So, und jetzt bist du dran", sagte Alf.
„Leg dich hin, damit ich dich unterwerfen
kann!"

Ich bin doch nicht blöd, jedenfalls nicht
so blöd wie Freitag. Außerdem hasse ich
Freitag. Da haben wir in der ersten Stunde
Mathe.

„Ich bin Donnerstag", schrie ich, riss mir
das T-Shirt runter, setzte meinen Indianer-
kopfschmuck auf und tanzte heulend um
Alf-Robinsons Hütte. „Ich will mit dir die

Friedenspfeife rauchen, Fremder. Und
wenn du nicht willst, spiele ich nicht mehr
mit."

   „Unterwirf dich", brüllte Alf, „du blöder
Wilder!"

   „Niemals! Ich werde kämpfen."

   Und schon lagen wir am Boden und
wälzten uns hin und her. Wir waren beide
gleich stark, weil Alf-Robinson sich in
Mamas Pelzmantel verwickelte. Er kam
ganz schön ins Schwitzen.

„Sieger!", rief ich und ließ Robinson frei, nachdem er versprochen hatte, sich nicht zu rächen.

Alf zog sich aus, es war ja viel zu heiß, und dann machten wir uns einen echten Inselkakao und aßen Kokosriegel dazu. Jetzt schien auch die Sonne wieder.

Der Wasserfall

„Wo bin ich?", denkt Vinzent nach dem Aufwachen, dann fällt es ihm wieder ein. Er war gestern mit dem Fahrrad den Fluss entlanggefahren, dorthin, wo er noch wild und ungezähmt ist. Vinzent hatte alles dabei, was ein Mann zum Überleben braucht: Messer, Kompass, Taschen-lampe, Feuerzeug und ein Zelt, sogar Erbswurstsuppe. Abends hatte Vinzent einen super Platz entdeckt: das spitze Ende einer Landzunge, von beiden Seiten vom Fluss umrauscht. Vinzent hatte das Zelt ausgepackt, die Heringe in den Boden geklopft und ein Lagerfeuer gemacht. Perfekt!

Plötzlich platschte es in die Suppe. Es regnete. Null Problem! Vinzent verzog sich ins Zelt, voll imprägniert und mit Gummiboden, der Schlafsack himalaja-geprüft. Alles unter Kontrolle! Endlich knipste er die Taschenlampe aus. Wie gut

es sich beim Regen einschlafen ließ.
So gut, dass er nicht merkte, wie der
Fluss anschwoll und die Landzunge
unterhöhlte. Steine und Erde wurden
gelockert, und *rums,* spülten die Fluten
Vinzents Insel weg.

Und jetzt graut der Morgen. „Wo bin
ich?", denkt Vinzent. „Ah, in meinem Zelt."
Er öffnet den Klettverschluss und lugt ins
Freie. Die Bäume drehen sich ja im Kreis.
Wie bitte? Vinzent springt entsetzt heraus.

Er treibt auf dunklen Wassermassen,
obendrauf schwimmen ausgerissene
Sträucher und etwas Nasses, Pelziges.
   „Hierher!", ruft Vinzent, und der kleine
Hund paddelt auf ihn zu. Vinzent gibt ihm
einen Stecken zu fassen und zieht ihn auf
die rettende Insel. Der kleine Kerl zittert.

Vinzent tröstet ihn: „Wart's ab, wir werden es überleben."

Da schießt ein Baumstamm heran und reißt Vinzents Insel auseinander. Zelt und Fahrrad versinken in den Fluten.

„Ich will nicht ertrinken", schreit er. Der kleine Hund bohrt seine Schnauze an Vinzents Hals. Das tröstet. Aber bald muss das Wehr mit dem Wasserfall kommen. Der Hund bellt und hört nicht mehr auf, und Vinzent brüllt: „Hilfe, helft uns doch!"

Nur ein einsamer Jogger hört das helle Kläffen. Er nimmt sein Handy und ruft die Feuerwehr.

Aber davon hat Vinzent keine Ahnung. Da kommt schon die Brücke, die letzte vor dem Wasserfall. Und da sind auch die Männer von der Feuerwehr und lassen Seile hinunterhängen. Vinzent greift nach einem – und lässt es wieder los.

„Bist du wahnsinnig geworden?", brüllt
ein Feuerwehrmann. Vinzents Insel
schießt unter der finsteren Brücke durch.
Noch ein Seil. Aber jetzt greift er zu, mit

beiden Händen. Den kleinen Hund hat er
sich ins Hemd gestopft. Und dann sind sie
gerettet. Alle beide.

„Ich konnte doch den kleinen Hund nicht

auf der Insel lassen", sagt Vinzent zu den Feuerwehrmännern, als er zähne-klappernd auf der Brücke steht. „Ohne ihn hätte ich den Mut verloren."

Sie nicken. „Ja, das glauben wir dir. Einer, der noch kleiner und hilfloser ist als man selbst, so einer hilft beim Überleben."

Ingrid Kellner studierte an der Graphischen Akademie München und arbeitete einige Jahre in der Werbung. Nach mehreren New-York-Aufenthalten machte sie sich selbstständig und illustriert seit 1972 Bilder-, Kinder-, Sach- und Schulbücher. Seit einigen Jahren ist sie auch als Autorin tätig.

Ute Krause, geboren 1960 in Berlin, verbrachte ihre Kindheit in Nigeria, Indien, Zypern und Amerika. Dann studierte sie an der Berliner Kunsthochschule Visuelle Kommunikation. Heute widmet sie sich neben der Malerei auch dem Film. Zuletzt illustrierte sie für Loewe die *Leselöwen-Engelgeschichten*.

Leselöwen

Jede Geschichte ein neues Abenteuer